JN436834

미워하기보다

김영일 시집

月刊文學 출판부

| 시인의 말 |

인격성이 없으면 인간성이 없고, 인간성이 없으면 사회성도 희박하다고 합니다. 불후의 명저 『자유론』을 남긴 영국의 사상가 밀(J.S.Mill)은 "만족한 돼지가 되기보다 불만족한 인간이 되는 편이 좋고, 만족한 바보보다 불만족한 인간이 되는 편이 좋고, 만족한 인간보다 불만족한 소크라테스가 되는 편이 좋다."라는 유명한 말을 남겼습니다. 인간이 추구하는 학문적 가치와 사회 구조는 행복의 최대치를 구하려는 노력입니다. 삶의 진리이기도 합니다.

시는 지은이의 절실한 감정, 경험, 생각의 표현입니다. 그것을 통해 서로의 마음을 나누고, 느끼며, 어우러지게 하는 매개수단이라고 할 수 있습니다. 영국의 철학자 프란시스 베이컨

(Francis Bacon)은 "상상은 사실의 세계에 매이지 않고, 사실들을 마음대로 변경시켜 사실보다 더 아름답게, 좋게, 다양하게 만들어 즐기는 것"이라고 하였습니다. 체험을 바탕으로 내면적 서정에 가장 충실할 수 있는, 형상화하기 위한 수법으로 상상을 사용한다는 것입니다.

즐거움과 괴로움을 함께할 수 있는, 가슴을 울리고 친근감을 줄 수 있는 시를 쓰고 싶었습니다. 독자 여러분에게 감히 간절한 영혼을 바칩니다.

2017년 3월

김영일

차례

때로는 2

마음의 소리 3

달맞이고개 4

타다 남은 가슴에 5

미워하기보다 6

| 작품해설 |

1

돌아가고 싶어라

이슬꽃

비가 내립니다

허공에 흩어진 그리움이
창문에 방울방울 맺힙니다

금방이라도
바스라질 것 같은

끝없이 메아리치는
묵은 이름

젖은 눈동자에
꺼내기 힘든 마음을 담아

빗속에서
못 떠난 미련을 훔칩니다.

그 목소리

눈감으면 보입니다

가슴을 헤집는
그 목소리 듣고 싶어
산에 가면 새소리
바다에 가면 파도 소리
골목길 돌아서면 바람 소리 뿐인데

기억 속 청야(聽野)* 의 목소리
들리지 않습니다

행여나 이 길 지나칠 때면
그 목소리 들려주고 가라는 듯

오가는 길섶에 핀 목련이
밤을 하얗게 밝혀 줍니다.

* 청야(聽野): 소리가 귀에 들리는 범위.

순결의 꽃

이른 봄 목련이
초봄을 대표하는 순결이라면
백합은 여름의 순결
백합이 서양적 순결이라면
목련은 동양적 순결의 꽃

시리도록 하얀 얼굴
티 없이 피었다가 떠나네

그립고 애틋하여
끝자리 맞닿은 곳으로
바람같이 흘러가네

하얀 꿈 너무나 아쉬워
붉은 눈시울에 하늘도 저무네

청아한 요람에 화사한 님
상기(上氣)*도 피어나 절실한 소원
휘영청 달밤에 젖더니

그 따스한 눈길
누리에 살랑이네.

* 상기(上氣): 홍분이나 수치감으로 얼굴이 붉어짐.

샛바람

흐르는 강물 저리 유정한데
미련만 안고 흘러가네

속을 내보이지 못해
가슴에 삭이며 미움을 헹구네

가는 길 멈추고
짓궂은 바람에게만
살짝 고백하네.

그리움

새가 되어 날아갑니다
어디론가 끝없이
가물가물 노을 너머로

달 밝은 산자락
졸졸거리는 냇가에 앉아
그날의 기억을 띄워 보냅니다

님은 떠나고
냇물은 혼자서 흘러갑니다

메아리쳐 오는 회한에
가슴을 쓸어안습니다.

탱자나무

세월이 머물다 간 자리
해맑은 웃음꽃이 보글거린다

가고 싶은 고향인데
옛집은 어디 가고 새집이 낯설어
추억도 쓸고 간 잃어버린 향수
시선도 맞출 수 없다

숱한 날 타향에서
무더기로 쌓이던 동심

하얀 웃음 터뜨린 탱자나무 꽃길
억센 가시는 울타리에 제격이라
귀신도 못 지나간다.

복사꽃

뜰 가득 화사한 복사꽃
분홍 웃음 삼삼하다

심중에 한들대는 꽃 한 송이
벌 나비 너를 찾아 정겹구나

숱한 날 곰삭인 들판에
고운 꽃띠 자근자근

아지랑이 아물아물 아양 부리고
종달새 하늘 높이 오르고 또 오른다

고질병 씻은 약손처럼
이름 없는 분홍 꽃송이가
고통을 쓸어내려 웃음꽃 피우니
총명한 눈빛의 복사꽃이어라.

꽃향기

우기 가득한 산에는 침묵이 촉촉하고
새벽을 들쳐 업은 하현달 그림자에
풀벌레가 잠을 깨워 고요를 여네

여명의 발자국 이슬 맺히고
기다림과 인내도 배우네

잎새마다 은방울 영롱한데
이 세상 구름처럼 엉킨 욕계이천(欲界二天)*

청정한 정기가 가꾼 이곳은
낙원이 따로 없네
희망과 긍정이 소생하는
꽃향기가 심장을 두근거리게 하네

들꽃도 보고 또 보아야 예쁘고
자주 보아야 사랑스럽네.

* 욕계이천(欲界二天): 어쩌지 못하는 세 가지 욕망(식욕, 색욕,

수면욕)을 가진 사람들이 가는 곳. 불교에서 하늘 맨 밑의 욕계인 제1천 지옥 위에 있다. 아직 인간의 욕망이 살아 있는 "구름 엉키고 비 터 잡는 곳이다"라고 서정주 시인이 주장한 욕계 제2천이다.

고향 생각

숲속에서는 온갖 잡새가
끼리끼리 종알거리네

맑은 물 흐르는
허리띠 같은 긴 냇가
징검다리 건너면
아늑한 촌락이 열리네

눈 감으면 보이는
살구꽃 피는 고향
생각나는 그때 그 시절
굴렁쇠 굴리며 뛰놀던 유년

소낙비 쏟아지는 날
행여 꽃잎 질까 봐
잠 못 들고 뒤척이네.

그리움은 먼 곳에

당신은 떠나갔습니다
강물 지키는 나룻배 타고
그렇게 떠나갔습니다

해 저문 나루터에 앉아
하늘을 바라봅니다

임자 잃은 나룻배도 강물처럼
소리내어 울고 있습니다
강물도 서러워 여울에 기댑니다

나룻배 타고 떠나간 당신이
마냥 그립습니다.

고목

나뭇잎에 바람 부네

심사에 불다 간
미운 바람 고운 바람

정들라 그만 멋 부리고
미련 데리고 떠나라 하네

상처받은 고목은
반항도 시작도 없네

새벽길 깨우는 닭 우는 소리에
아린 정 그냥 못 가
뒤돌아보네.

발길 닿는 곳 어디에나

서산에 해 지고
동산에 달 묻히니

온갖 물상이 속절없이
어둠 속에 스러집니다

멀리 어촌에
하나둘 등불 켜지고

푸른 망망대해가 깜깜해지더니
줄 잇는 경비선 불빛

보슬보슬 쓸어내린
뽀얀 안개 앞을 가려
갈매기 때 대낮을 울던
나루터에 앉으니

눈물 어린 그 얼굴이 떠오릅니다.

그 모습 그려 봅니다

달빛도 외면하지 못할
그림자 같은 그 이름 어떡하나요

오랜 세월 그윽한 영혼의 소리를
잔잔한 나목 밭에 앉히면
약동하는 심장 소리가
새싹을 틔웁니다

깊고 오묘함을 느끼기까지
숨소리 가다듬고 인내도 배웁니다

서녘 하늘 노을밭에
외기러기 울고 가는데
스쳐가는 인연은
어느 곳으로 떠나가나요

생각이 반짝이는 이 한밤
별빛을 보며 그 모습 그려 봅니다.

고백

창 너머 달빛이 가득하고
풀벌레 울음소리 드높다

심상(心想)에 깊은 시름하니
베갯가 그리움이 치근거리네

미련도 원망으로 남았는지
짓궂은 인연 끊으려 하는데
바람이 지나가다 헛기침한다

사무친 감정에 미움을 걸어
심란한 심기 다독거려도
검붉은 이 종창(腫脹)* 어찌할까

보랏빛 풋사랑 못 지운 정
아쉬움 붙잡고 떠나질 않아
숨겨둔 비밀 고백하고 싶어라.

* 종창(腫脹): 염증이나 종양 등으로 인해 부어 오름.

돌아가고 싶어라

과거는 지나간 미래
늦었다고 생각할 때가
가장 빠를 때라지만

습성대로 유유히 흐르는 물은
장애물이 있으면 피하거나
돌아서 가거나 쉬었다 가는데

끝없이 메아리치는 그리움에
다시는 돌아올 수 없는
그 시절 그때로 돌아가고 싶어라.

도지는 그리움

휘영청 달빛이 하늘 가득
교교(皎皎)히 빛나는 밤

우주를 향해 터지는
끝없는 울음소리에
덩달아 어둠을 지우네

별빛을 타고 흐르는 향기
파도같이 달려들어
도지는 그리움

푸른 깃발 휘날릴 때
바람같이 스쳐간 세월
수만 가지 향기는 어디로 갔는지

깊고 오묘한
영혼의 소리를 귀에 담네.

머플러

생각이 반짝이는 바닷가에
파도만 찰싹이는데

아쉬운 정 커피색 머플러에
응석 부리는 바람소리 품습니다

세월은 인정 없이
크고 작은 상흔을 남깁니다

오는 사람 잘났다고 말이 많더니
떠난 사람은 아무 말이 없습니다

슬픔은 언제나 산사람의 몫입니다
떠나간 사람을 생각하며
슬픔을 눌러야 합니다

안으로 다지고 다진 슬픔은
어떤 것으로도 풀 수 없는
그리움만 자라게 합니다.

2
때로는

꽃샘추위

산과 들에 봄나물이 돋아나고
움 묻은 가지에 앉은 새들이
입을 모아 봄노래를 부른다

가지 끝으로 꽃망울을 밀어올린 목련도
질세라 눈부신 자태를 뽐내고
새싹이 다투어 이파리를 드러낼 때

아직도 추운 내 마음은
겨울 같은 봄이라며
꽃샘타령만 하네.

외딴섬

저 멀리 솟아오른 외딴섬
통통배 파도가
뱃길을 재촉합니다

숱한 세월 속 투정
다 받아넘기며
남몰래 속이 타지만

아직도 그림자처럼
못 떠나는 이 마음

긍정도 부정도 하지 않습니다.

할미꽃

산자락 주름 잡고
통도사 자장암* 가는 길
산 능선 불붙은 듯한 진달래 꽃밭

춘풍에 구름 가고 저녁노을 고요한데
석양은 서산에서 가기 싫어 뉘엿뉘엿

길섶 오두막집 꼬부랑 할머니
백발 빗겨 몸단장하고
오시는 이 맞는 담홍빛 웃음이 곱네

까만 머리 은빛으로 물들인 여대생처럼
할머니도 멋 부리는 여인 중의 여인이어라.

* 통도사: 경남 양산시 하북면 지산리 583번지에 있다. 신라 선덕여왕 때 자장율사가 창건한 천 년 고찰이다. 자장율사가 당나라에서 모셔 온 부처님의 사리, 가사, 경책을 금강 계단에 봉안하고 있다. 우리나라 삼보 사찰 중 불보 사찰이라 수많은 스님이 금강 계단에서 계를 받았을 정도로 한국 최고의 사찰이다. 영

축산과 어우러진 주변 풍경까지 너무나 아름다워 불자와 일반 여행객의 발길이 끊이지 않는다. 자장암은 통도사의 부속 암자이다. 자장율사가 통도사를 짓기 전, 이곳 석벽 아래에서 수도하면서 창건했다고 한다.

메아리

싱그러운 초록의 시절
새소리는 골물처럼 청량하네

소리소리 푸른 심기를 흔들고
파도처럼 너울지는 메아리

뭉게구름 청풍같이 흘러가고
숲에서는 향기로운 웃음꽃

바람 벗 율동 따라 오후 한나절
나뭇잎은 흥이 나서 굿거리장단

작은 새 날개치고
안개꽃은 긴 숨 고르고
목을 적신 초록 나무는 기립박수

야호 소리에 산장은 일렁이고
다람쥐는 술래잡기 놀이에 바쁘네
선잠 깬 산노루와 까투리도 귀를 세우네.

동창생

덧없는 세월 그때 그 시절
정든 곳 꽃밭에 곱디곱던 백합

지금은 어느 곳에 다시 피었는지
그리움 따라 눈을 감고 술래가 되네

꽃을 찾는 나비가 되고
풀잎사귀 웃겨 줄 바람이 되어
가도가도 끝없는 멀고 먼 나그네
회고길 훨훨 날아간 그 자리

모여모여 어깨동무 다가가서 바라보니
동문은 동문이건만 낯선 꽃뿐

나, 그때 그 학생이었는데.

가을바람

바람이 풀숲에서
한들한들 춤을 춥니다

바람은 가고 없으니
풀잎사귀만 그대로 서 있습니다

어젯밤 으악새 그리 슬피 울더니
정겹게 지저귀던 산새들은
울지도 웃지도 않습니다

긴 한숨 이어진 고요 속
강물 깊은 곳에 생동하는
그리움 하나둘 낚아 봅니다.

때로는

눈에 삼삼 지워지지 않습니다
생각나 그리워 가슴 두근두근
님 생각 보글보글 긴 한숨뿐

미련이 못 견디게 긴 세월
지금도 아쉬움만 흐릅니다

첫사랑과 이별은
너무 빨리 와서 슬프고
깨달음과 후회는
너무 늦게 와서 슬픈가요

슬픔도 때로는 힘이 되지만
그 슬픔만큼 시간이 지나야겠지요.

봄맞이

솔잎에 숨어 울던 바람
어느 곳에 잠들었나요

잔잔한 호수 흔들어 놓고
간밤에 놀다 간 바람이 약속해요

가기 싫어 놓은 손 또 잡는데
눈물 담은 눈망울 무엇으로 위안하나요

꽃샘바람 심술부려도
맑고 고운 얼굴을 닮고 싶어
산봉은 구름으로 얼굴 씻고
숲속에는 찾는 이도 없는데
눈치 없는 잡새만 지저귑니다.

겨울 꽃

개울가에 앉아
배잉(胚孕)의 꿈을 꾸네

삭풍이 불다 간 개울가
가랑잎에 묻혀서 피는
만발한 웃음꽃은
덤

양지바른 곳에 봇짐 푼 겨울 꽃이
애달픈 햇살 보듬다가
발길 붙잡네.

기지개 켜는 시절

바람 걷히고 새날 지나도

언제 비바람 불기나 했느냐는 듯
화창한 햇살 아래에서
노을이 아름다운 불꽃을 태우며
스러지는 것은 태양 때문일까

눈감으면 보인다
바라보기만 해도 포근한 숲
가슴에 담아 온 어린 시절의 촌락이
도시의 낯선 골목길에서 뛰논다

그 시절 뒷동산에서
아련한 그리움이
끊임없이 기지개 켠다.

봄비

촉촉이 내리는 봄비에
타는 목 축이던
개나리, 산수유, 진달래가 다투어 피고
가로수에 등을 단 벚꽃이
구름처럼 화사하다

창문에 맺힌 빗방울처럼
허공에 흩어진
내 속을 아는지 모르는지

그칠 줄 모르고
추적대는 봄비 소리에
밤잠을 못 이루네

못자리 물 가둔 논에서는
개굴개굴 개구리 소리
그리움을 적신다.

목탁 소리

낙조는 서산에 기울고
구름은 정처 없이 흘러가네

바람소리 일렁일 때
풀잎과 나뭇잎이 춤을 추네

눈뜨는 산사의 등불
비구니가 눈감고 좌정하면
목탁 소리가 번뇌를 씻어 주네

청산이 달빛에 잠들 때
참선(參禪)의 경지로 들어가면
바윗돌에 명상이 파고드네.

옥빛을 빚어 볼까

어디 있을까

동심이 별같이 반짝이던 날
그리움이 천천히 걸어온다

약속한 길 걷고 걸어도
곰삭은 세월 한가하다

산 넘어 강 건너
숱한 날 멀고 먼 길
발걸음에 불이 난다

오가는 사람 많아도
눈 맞아 반길 이 없고
그렇게도 다정하던 그림자
긴 세월 묻고 산 못 지울 인연

돌을 갈아 옥빛을 빚어 볼까.

연둣빛

위대한 소생인가
동장군 칼춤도 이겨낸 전사들

약동하는 신천지에 깃발 꽂고
푸른 꿈 펄럭이며
나목 가지마다 파란 움 틔우고

진달래 꽃동산에
새들도 깃털 다듬어 재잘재잘
뻐꾸기, 소쩍새가 연둣빛을 지저귀고

분주한 생각이 오가는 설렌 가슴
밤잠을 뒤척인다.

나그네

세월이 흘러가는 굽이마다
구름같이 피어오르는 번뇌가
노적(露積)같이 쌓이는데

구속의 굴레를 벗어난 새들이
이 가지 저 가지로 날아다닐 동안

바람같이 스쳐간 세월
부운(浮雲) 같은 인생

평생이 긴 것 같지만
하루살이 같네.

다래꽃

알알이 푸르고 싱싱한
다래밭 청산 계곡
한나절 곤하게 오수에 젖네

초여름 나들이길
긴 머리 여자들 고운 자태

달빛 아래에서 만나자고 하지만
그 심사 어찌 고백할까

청산이 터전인가
보금자리 돌밭에 숱한 날 일군
탐스러운 청실(淸實)

한두 해 접고 접어 몇십 년
줄기줄기 엉키어 무성한 다래집

나목 넝쿨 자라고 또 자라
같은 길 속절없이 오가네.

3
마음의 소리

상사화*

오가는 이 엇갈린 운명
주고받는 그리움 끝이 없네

춘난(春暖)* 에 청마 타고 오셨다가
6월 햇살 보듬고 떠나시니
8월에 꽃신 신고 오셨네

담홍빛 연정은 면담 없는 이별인지
같은 곳 같은 소망 번갈아 애원인데
천명 받고 떠난 이를 무슨 수로 만날까
달빛이 물들인 시냇물도 안타까워하네

유언도 사랑도 못 이루어 요절하니
이룰 수 없는 사랑이란 꽃말처럼
떠난 자리에 상사화 피었는가.

* 상사화: 옛날 바다 건너 중국 땅에 약초 캐는 사람이 있었다. 불로초가 있다는 소문에 그는 조선에 당도하여 전국을 헤맸다. 그러나 약초도 못 캐고 죽게 되었는데, 딸에게 후대에라도

불로초를 구해야 한다고 유언했다. 불로초를 찾아 나선 딸은 어느 암자에서 고승을 만났다. 육신을 버리고 도를 깨우치는 것이 영원히 살 수 있는 길이라는 가르침을 깨달았다. 그녀는 암자에 머물며 수도했다. 어느 날 그녀는 큰절에서 고승의 가르침을 받으러 찾아온 젊은 스님을 짝사랑하게 되었다. 세월이 흘러 젊은 스님은 다시 큰절로 내려가게 되었다. 그녀는 참지 못하고 큰절에 찾아가 젊은 스님에게 고백했다. 하지만 "불자의 몸으로 여자의 사랑을 받아들일 수 없다."는 말을 들었다. 아버지의 유언도 이루지 못하고 사랑까지 거절당한 충격에 그 자리에서 요절했다. 주위 사람들은 그곳에서 잎이 없는 꽃이 피어 이상하게 생각했다. 무더기로 자란 잎이 지고 나자 꽃이 피는 것을 보았다. 아름다운 처녀의 이룰 수 없는 사랑을 가엾게 여겨 상사화라 불렀다고 한다.

* 춘난(春暖): 봄철의 따뜻한 기운.

백목련

초저녁 창가에
새날의 여명을 향한
하얀 그리움이 소곤거리네

바람소리도 낙엽 구르는 소리도
징징거리는 넋두리도 아닌
생명을 잉태하려 울부짖는 소리

생살 찢으며
생명을 탄생시키는 외침인가

푸른 깃발 휘날릴 때
바람같이 스쳐간 세월
향기는 어디로 떠나고
고요만 적적하네

요사스러운 애물단지가
목련을 터뜨리며
내버려 두지 않는 성스러운 밤

목련도 지고 잎이 피니
봄은 멀어져 가고
무성한 나무숲에서
한세월 매미 되어 통곡하네.

산촌

산자락 들길 지나 멀고 먼 산촌인가
동심은 별빛같이 반짝이는데
기억이 삼삼하여 눈을 감네

마을 앞 출렁이는 푸른 호수
텃새가 둥지 찾아 물놀이하는데
강태공은 파라솔 받치고
수면 위 낚시찌*에 세월을 낚네

집집마다 담 너머
연붉은 복사꽃이 동심을 끌어안네
논밭 지나 산길 따라 발길 이르니
탑골(塔谷) 자락에 삼층 석탑* 홀로 섰네

양지바른 밭머리에서는
진보라 제비꽃이 봄볕 보듬고
다정도 봄인 양 웃음꽃으로 바람 잡네.

* 낚시찌: 부표. 낚싯줄에 달아매어 물위에 뜨게 한다. 고기가

낚시를 물면 알 수 있도록 물속으로 잠기게 만든 가벼운 물건이다.

* 삼층 석탑: 보물 제907호. 경주시 현곡면 남사리 234-2번지 탑골에 있는 이 석탑은 화강암으로 건조했다. 각부의 양식 수법으로 보아 9세기의 작품이다.

마음의 소리

어떤 소리일까

산새들의 울음소리인가
문풍지 울리는 바람소리인가
엄마가 부르는 다정한 목소리인가

기쁜 소리는
어린아이 울음소리
베 짜는 소리와 책 읽는 소리

어린아이 울음소리는 자손의 번성
베 짜는 소리는 근면함과 넉넉한 살림
책 읽는 소리는 가문과 부귀영화의 표상

암탉이 우는 소리가 담장을 넘어가면
재수가 없고 집안이 망한다고
칠거지악(七去之惡)* 이라 했던가

그러나 암탉이 울면 황금알을 낳으니

부를 상징하기에 좋은 목소리라고 하네.

* 칠거지악(七去之惡): 아내를 내쫓는 일곱 가지 이유. 아들이 없는 것(無子), 행실이 음탕한 것(淫泆), 시부모를 섬기지 않는 것(不事舅姑), 말이 많은 것(多言), 도둑질하는 것(盜竊), 투기하는 것(妒忌), 나쁜 병이 있는 것(惡疾).

물소리

물 흐르는 소리는 흥겨운 춤입니다
물이 없으면 생명도 없습니다
만물의 근원이라는 물은
자연 속 모든 생명을 이어 줍니다

그러나 시냇가 푸른 이파리가
지난해의 것이 아니듯
흘러가는 시냇물 또한
어제의 물이 아닙니다

나무도 그렇고 냇물도 그렇듯
어제의 사람 가고 없어도
새로운 사람은 태어나 이어집니다

삶이 영원하지 않고 유한하기에
오늘은 더욱 소중하고 거룩합니다.

봄의 정기

지난겨울 묵은 때 벗기려
제비등 타고 실려 온 춘삼월

심장을 울리네
희망을 향한 춘의(春意)*
만물이 약동하는 소리

춘풍이 살랑대니 산비탈 진달래가
꽃망울 터뜨리는 소리

구름 한 조각 무심히 떠 있고
들판의 종달새 하늘 높이 지저귀고
계곡 타고 흐르는 물소리에
솜털같이 피어난 버들강아지

투박한 흙 뚫고 솟아나는 새싹처럼
약동하는 이 봄날에 가슴 설레네.

* 춘의(春意): 이른 봄에 만물이 피어나는 기분.

귀뚜라미

동구 밖 냇가에 물 흐르는 소리
빈 가슴 흔들며 한들거리네

빨갛게 익은 노을빛 같은
숱한 날 곰삭은 마른 낙엽

산다는 것은 험하고 고단한 길
그래도 가야 할 길이라면
태산이 높아도 못 오르랴

꽃은 때가 되면 시들고
초라하게 지듯이
머물다 떠난 자리에
궂은 비만 추적추적

소멸은 사라지는 것이 아니라
우주의 순환을 위한 순응

가을밤 처량하게 우는

애절한 귀뚜라미 울음소리
자신의 처지를 알리는 듯하네.

봄소식

춘심은 콩닥콩닥
어서 가자 재촉하고

꿩 울음소리
메아리 밟고 가네

앙증맞은 다람쥐
앞발 움켜잡고 인사하네

오후 한나절 소낙비 지나가고
코끝을 간질이는 풋풋한 야생화

잔잔한 미소에
배꼽 잡는 함박웃음
웃음은 건강을 지켜 주네

엔도르핀을 생산하고
뇌 안의 펩티드*가 붐비네

스트레스 녹이는 웃음
명약이 따로 없네.

* 펩티드: 모르핀과 같은 진통 효과를 내고, 최고의 호르몬을 분비하게 한다.

낙엽

관심이고 집중이다
그래야 볼 수 있다

어려움과 시련이 닥쳐도
침착하면 돌파구가 보이는데
염치없는 자는 용서받아도
진실은 받지 못하는가

울창한 숲은 어머니의 품속
피톤치드를 발산하니
어찌 너를 찾지 않으랴

청정한 수목들이 곱게 물들다가
때가 되면 하나둘 옷을 벗는다
야위어 가는 모습이지만
미련도 아쉬움도 없겠지

버려야 새것을 얻는
자연의 숭고한 진리인가.

천성산

천성산 골골 석간수 졸졸
우람한 잣나무에 기가 질리네

정처 없이 지나간 수많은 시간
그리움이 머릿속에 아른아른

그 이름 메아리에 새겨 놓으려
허공을 향해 불러 보지만
소리는 입안에서 뒤엉킬 뿐
단발머리 청솔잎 머리 빗기니
신선이 따로 없네

위압감을 주는 붉은 노을빛은
숨겨진 그리움 화들짝 깨워
가슴을 뜨겁게 달구네.

구름

산새가 산천을 울리고
산허리 감은 운무가 풍광을 삼킨다

소슬바람이 불자 구름 걷히고
청산은 신비로운 자연을 품는다

물오른 나무숲이 하늘을 떠받치고
심신을 달래 보는 넋두리
아무리 걸러도 못 감출 인정
보람이 없다

만물의 터주*인가
깊고 청정한 잡목 숲에서
아침 새가 재잘거리고
산들바람은 노루잠을 재운다

나도 너처럼 살고 싶다.

* 터주: 집터를 지키는 지신. 또는 그 자리.

술

비가 내립니다
밤비가 내립니다
가로등 불빛 속에
가을비가 내립니다

밤은 어느덧 삼경
오가는 사람도 없습니다

터벅터벅 밤비같이 저만치 가다가
선술집에 주저앉아 한 잔 술 기울이니
님 생각이 찰랑찰랑 넘쳐납니다

20대 권주가는 풋사랑의 고백
30대 권주가는 유혹의 술
40대 권주가는 향락의 술
50대 권주가는 그리움
60대 권주가는 추억을 마십니다

클레오파트라가 따르는 푸른 술은 유혹의 술

논개가 따르는 술은 구국(救國)의 술
춘향이가 따르는 술은 백년가약의 술
시인이 따르는 술은 시어를 낚습니다

즐거움과 괴로움에
닫힌 마음 열어 보아도
그때마다 의미와 색깔이 다릅니다.

금정산(金井山)*

오르고 또 올라 산새를 굽어 보네

앞산 뒷산 타는 불꽃
저 붉은 기상은 누구의 정열인가
까맣게 타버린 저 산봉과
저 바위는 누구의 심중인가

그믐밤 삼켜 버린 환한 불빛은
누구를 기다리는 등불인가

긴긴 날 속상해 삭인 용서도
미련같이 되새기는 회포인가

가까스로 붙잡은 추억은
기억의 벗
기억은 추억을 가꾸네.

* 금정산(金井山): 부산광역시 동래구, 금정구, 북구에 걸쳐 있다. 산기슭이 가파르고 사면에는 거대한 자갈들이 깔려 있다. 풍

수지리설로 보면 부산의 주산(主山)이자 진산(鎭山)이다. 산맥을 이루는 산지 중에 가장 높아 주봉인 고당봉은 해발 801.5미터이다. 동서남북에 4개의 성문이 있다.

고행길

새 생명 피운 잎 언저리에
싱그럽게 자라난 풋과일
오가는 눈빛에 정이 익네

춘하추동 지나가듯
모두가 흘러가듯
희로애락에 얽힌 끈질김인가

배움은 힘들고 세상은 냉정한 것
능력을 키우고 인내를 키우고
지혜롭게 다스려야 하네

산꾼들은 배낭을 멜 때
고독한 자신을
고행이라는 몸을 묶네

혼자서 가는 세월을 무슨 수로 막는가
정성이 열매와 비례하듯
바람에 흔들리지 않는 인생이 어디 있는가.

풀 수 없는 것

하늘에는 별
땅에는 꽃
바다에는 진주

불교는 참선으로 고행하며
홀로 자아를 깨닫고
부처가 되는 길

기독교의 구원은
믿음으로 천국 가는 길

어디서 왔다가 어디로 가는가
이 모든 걸 알면서도
생각이 복잡한 인간은
풀 수 없는 문제로
끝내 답을 찾을 수 없네.

초행길

초이레 상현달이 중천에 뜨고
길숲 사이로 사근사근 흘러가는
도랑물이 정겨워
떠나지 못하는 발길

쉬어가는 바람이 되어
이파리 넓은 나뭇잎에 머무네

정든 길은 익어서 가깝지만
초행길은 별처럼 멀구나

그대에게로 가는 길도
이처럼 까마득하구나.

4

달맞이고개

해운대온천

—파라다이스호텔

명사십리 해수욕장 수평선 너머
푸른 뱃고동이 아침을 여네

파라다이스배* 띄운 태고의 원시천
62도 식염천(食鹽泉)*이 퐁퐁거리네

여인의 젖가슴처럼
볼록 솟은 달맞이고개

어스름밤 밝힌 야경
동산이 바닷물인가
바닷물이 동산인가

먼동 붉게 물들면
갈매기 떼 끼룩끼룩
만경창파에 배 띄우네

해돋이 천명(天明)한 날
신라 땅 대마도가 성큼성큼

파도처럼 다가오네.

* 파라다이스배: 해운대구 중동의 파라다이스호텔을 호화선에 비유한 것.

* 식염천(食鹽泉): 물속에 염분이 1천분의 1 이상 함유된 광천이다. 만성 류머티즘, 혈관, 경화증 등에 좋다고 한다. 음용(飮用)하면 만성 소화기 질환에 유효하다.

동백섬
——조선호텔

명사십리 끝자락 볼록 솟은 솔밭섬
수평선 저 너머 연락선 고동 소리

첫새벽 문을 여는 솔숲에서는
새들이 재잘대고
다람쥐도 쫄랑대며 재주 부리네

반월로* 탯줄 잇는 호반의 조선호텔
꿈의 궁전 첫날밤 백년가약 종 울리네

창 너머 파도는
쏴아 철썩 물보라 꽃피우니
신혼 부부 무지개꿈 두둥실 승천하고

가로등 불빛 속 밤 깊은 길섶에
빨간 동백꽃이 다소곳하네

여기가 어디냐 APEC House*

누리마루* 솟아오른 동백섬*이라네.

* 반월로: 부산시 해운대 해수욕장 서쪽 끝자락에 동백섬이 붙어 있다. 반달(D)처럼 바다에 내밀고 있어 그 둘레를 에두르는 길도 둥글어 반달로라 하였다.

* APEC House: 아시아 태평양 경제협력회의를 개최한 집.

* 누리마루: 누리(세상)와 마루(정상)를 합해 하나의 단어를 이룬 것. 전 세계 정상.

* 동백섬: 예전에는 다리미처럼 생겼다 하여 다리미섬이라고 했다.

달맞이고개

으스름 밤 볼록 솟은 산봉우리
해운대 달맞이고개

산기슭 끼고 넘실대는
푸른 망망대해가 봉홧불 붙이니
경화수월(鏡花水月)* 이어라

갈매기 떼 밤마다 깃들고
물결의 투정 받아 주는 곳

속이 상해 검게 탄 오륙도
수평선 너머 고깃배가 통통거리네

새벽을 여는 동녘이 붉게 물드는데
줄 잇는 경비선 등불 하나둘 지우네

해돋이 천명(天明)한 날
연락선 고동소리 심장을 울리네.

* 경화수월(鏡花水月): 거울에 비치는 꽃과 물에 비치는 달. 말로 표현할 수 없는 묘취.

송도 해변

솔솔 솔바람
솔잎에 솔솔 부네

구름다리 건너
창파(滄波)에 솟은 솔밭섬

수평선에 떠 있는 남항대교
줄 잇는 차량 행렬이 꼬리 무네

달빛에 출렁이는 파도 밀려와
쏴아 철썩
지치지 않는 물보라

밤하늘 별들은 소곤소곤
연인들은 솔숲에서 어깨 맞추며
백년가약 정표에 엄지 도장 찍네

금모래 해수욕장 끼고
수천 년 지킨 정려(旌閭)

여기가 어디냐
한국의 나폴리
부산 송도 해변이어라.

자갈치시장

자갈치시장 어판장
재빠른 손놀림의 경매가(競賣價)에
하루 경기 오가는데

한두 푼 남기려 머리 굴리고
딸랑딸랑 울리는 워낭 소리에
인생사 무명 꽃이 향기를 뿌립니다

여기가 어디냐, 자갈치시장
남항 부둣가 갈매기 떼 날고

어서 오이소, 고기 사이소
맛이 죽인다 아입니까

아지매 보이소, 드시고 가이소
맛이 끝내 준다 아입니까

창밖에 오가는 연락선에
뱃고동 뚜우뚜우 뱃길을 열고

영도다리 난간 위에서는
상현달이 웃네요.

진주

수줍은 듯 앳된 모습
반가운 소생(蘇生)이어라

겨울잠 떨치고 일어난
약동하는 심장 소리 콩닥거리네

남풍이 불다 간 산과 들녘에
봄꽃이 필 듯 말 듯
아지랑이 신이 나 재롱 부리네

바다 밑이 삶의 터전이라
바다 없는 삶은 없네

새색시 시가는 육지
딸랑딸랑 울리는 워낭 소리에
출가길 진주가 눈물 뿌리네

물살이 스치고 간 상처에

고통을 참고 견딘
인내가 키운 진주인가.

접동새*

서산에 해 지고
침실은 고요인데
뒷동산 접동새 애간장 다 녹이네

서럽다 애석하다 서산 숲에서
밤마다 애절한 울부짖음은
까맣게 속이 탄 사무친 통한
일생을 짓밟은 잔인한 배신자
자손만대 이어갈 통곡인가
생전의 한을 삭이지 못해
죽어서 환생한 접동새인가

푸른 숲에서 하얗게 밤을 새우며
목숨도 예물도 빼앗긴
서러운 접동새가 밤마다 우네.

* 접동새: "옛날 평안북도 박천 진두강가의 마을에 10남매가 살고 있었어. 그런데 어머니가 병들어 죽고 나서 아버지는 계모를 들였는데, 이 사람이 성미가 고약한 거야. 큰누나가 아랫동

네의 부잣집과 혼담이 오갔는데, 그 집 어른들이 소녀를 예뻐해 예물과 예단을 많이 보냈어. 계모가 그걸 보고는 눈이 뒤집혀 예물을 모두 빼앗아 버린 거야. 울고 있던 그녀를 채찍으로 때리며 어머니가 남겨 놓은 유일한 물건인 장롱 속에 들어가라고 시켰어. 오그리고 그 안에 들어가자 기름을 붓고는 불을 질렀어." 진두강은 실제로 있는 강인데다 박천도 알고 있는 곳이고, 접동새 소리도 귀에 익숙한지라 소년은 오금이 저릴 만큼 실감나게 들었을 것이다. 이 무섭고 서러운 접동새 스토리텔링을 스무 살의 소월은 시로 표현한 것임. 두견새의 방언(경남).

두견새*

동심을 앗아간 그 자리
산천은 의구한데
옛벗은 간 곳 없네

길섶 도랑숲에 새들이 우짖고
졸졸졸 흐르는 물소리
새벽을 깨우네

벼랑 끝에 선 두견화
꽃빛이 하도 고와
차라리 슬프구나

간밤에 두견새 울다 갔는데
이 밤도 님을 찾아 또 오시려나

긴 세월 고귀한 정 엮은 궁궐
죽어서 두견새 되어 먼길 왔네

숲속에서 울고 또 울며

당신이 죽어서 오시는 그날까지
밤마다 두견새 되어 울어 보련다

망제는 두견새냐 귀촉도냐
접동새냐 소쩍새냐.

* 두견새: 중국 주나라 말기 촉나라에 두우라는 왕이 있었는데 제호(帝號)를 망제라 하였다. 어느날 그는 문산의 강가를 지나가다가 한 시신이 떠내려 오는 것을 보았다. 그가 건져내자 시신은 다시 살아났다. 망제가 물어본 바 그는 형주땅에 사는 별령이라는 사람으로 강에 나왔다가 잘못해서 물에 빠졌는데 어찌하여 여기까지 왔는지 모르겠다고 말하는 것이었다. 망제는 이는 필시 하늘이 보내준 어진 사람이라고 생각하였다. 별령은 자신의 예쁜 딸을 망제에게 바쳐 환심을 산 뒤, 곧 궁중의 사람들과 대신들을 매수하여 망제를 대궐에서 몰아내고 왕위에 올랐다. 돌아갈 곳을 잃은 망제는 원통함과 한을 삭이지 못하고 죽었다. 그 후 두견새 한 마리가 날아와 슬피 울었다. 사람들은 이 새를 망제의 넋이 환생한 것이라 여겼다. 귀촉도, 두견, 불여귀, 망제의 혼이라고 불렀다.

싸늘한 달빛

한 줌 달빛이 내려앉아
삭풍에 얼어붙은
우듬지를 다독이네

말갛게 눈뜨는 피돌기
빈 가지가
봄 햇살 보듬으며 희롱하네

싹을 틔우고 꽃을 피우는
튼실한 열매를 위하여
속속들이 물관 타고 꿍꿍거리네

겨울에서 봄으로 잇는
계절의 풍금 소리 들리는 듯
숨 고를 수 없이 심장은 울렁거리고
순정한 눈빛에 애정이 움트네

보름달 휘영청 밝아도
과거는 아름다운 기억인가

물고기는 심해를 자유롭게 헤엄치니
제물에 놀아야 살맛나는 세상이어라.

청사포

바다가 생각할 시간을 주네

슬프면 울어라
기쁘면 웃어라
슬픔의 깊은 맛도
기쁨의 깊은 맛도 깨닫게 하네

그 맛을 깨달아야
인생의 깊은 맛도 알 터인데

잔잔하고 느릿한 청사포 물살같이
한 박자 더디게
여유롭고 편안하게 살라 하네

동이 트는 아침
바다와 하늘이 붉게 물드네
하루가 서서히 열리는
희망에 찬 새로운 시간

바닷바람이 파도를 몰고 와
심금을 울리는 태고의 소리

해넘이가 시작되자
고깃배들은 귀가길 서두르고
물질하던 새들도 둥지를 찾아드네.

상흔을 남기고

강변길 물 따라 시선이 멈춘다
두루미가 물 위를 훠이훠이 날고
물오리가 아양을 부린다

억만 년 풍상이 다듬어 낸
절경을 꽃바람이 부채질한다

바위틈에 고고히 뿌리내린 소나무
구석에 다소곳이 핀 진달래
이름 모를 한 떨기 야생화
그 아름다움이 어디 또 있으랴.

산장의 여명

산장의 아침이 초목을 품네
풀숲에서 풀벌레가 부르는 소리
하루가 열리는 장엄한 순간

작은 새는 저마다 다른 옷을 입고
다른 목소리로 아침을 연다

촛불 밝히면 촛농이 녹듯이
고달픈 길에는 번뇌가 질펀하다

훈풍이 스치면 옷깃 풀게 하더니
이제는 그 옷깃 여미게 한다

화무십일홍(花無十日紅)*
권세나 영화는 영원할 수 없다.

* 화무십일홍(花無十日紅): 열흘 붉은 꽃이 없음. 한 번 성한 것은 얼마 못 가 반드시 쇠함.

진달래꽃

산과 들 아지랑이 재롱부리고
뒷동산 뻐꾹새 춘정에 흠뻑 젖네

그 여운 섭섭하여 산자락 젖고 젖어
해묵은 감나무에도 초록이 눈을 뜨네

흙 내음 따라온 봄날
땅김이 모락모락 피어나고
연분홍 꽃봉오리가 소곤거리네

동지섣달 기나긴 밤 참았던 울분 터져
진달래꽃 만발하네

수수한 초록으로 지내다가
어느 날 꽃잎 지고
늦가을 삭풍 따라 정든 가지 떠나네.

금정산에 피는 꽃

금정산에 피는 꽃은
춘풍에 귀를 열고
봄볕에 눈을 뜬다

아지랑이
아릿아릿한 프러포즈에
숫처녀 뽀얀 뺨 빨갛게 물든다

어제 저녁 저 산에서
불꽃 타오른다고
봄비가 밤새도록 내리는데
타는 불꽃 생기 돋아
그 자태 여전히 도도하다.

영혼의 갈등

숨 고를 수 없을 만큼
가슴 두근거리게 하는 눈빛

어제 떠난 사람
헛되이 보내는 오늘
갈망하는 내일

영원한 환상 묻고
추억으로 펼칠까

구름 밀치고 얼굴 붉힌 상현달
그 가슴에 고백할까

침묵은 무관심이 아니라
말보다 강한 것은 내면으로 쌓이는
속 깊은 심사(心事)여라.

5
타다 남은 가슴에

무아경

봄은 안개처럼 피어나는 구름
여름은 소낙비 실은 뭉게구름
가을은 하얗게 피어나는 솜털구름
겨울은 외롭게 떠다니는 구름

세상을 멀리하고
하늘 끝자락에 높이 뜬 구름처럼
한평생이 긴 것 같지만
머물다 떠나는 뜬구름 같은가

번뇌와 망상이 구름처럼 쌓이고
욕심이 그 위를 덮는다

타오르는 울화를 삭히려고
무아경(無我境)* 에 노니는 구름
환상의 꿈을 꾸며 마음을 비운다.

* 무아경(無我境): 마음이 한곳으로 쏠려 자신의 존재를 잊는 경지.

사랑은 무죄

조건도 대가도 없습니다
연극도 아니고
드라마도 아닙니다
다만 마음일 뿐입니다

세월은 흘러가고 또 온다지만
다시 오는 것은 아닙니다
배려와 지혜가
선택의 기회를 줍니다

사랑은 흘러가도
그리움은 남아 있습니다
과거는 추억이며 미래는 기대이며
사랑은 항상 시작입니다.

갈맷빛 창공

봄볕 다정하여 초록이 회임하니
웃음꽃 소리 없이 벙글벙글

눈빛만으로도 가슴이 보이고
숨소리만으로도 영혼이 들리는데

심원(心願)에 사무친 그 모습에
애간장이 타는구나

겉모습 부드럽고 순한 듯하지만
속은 꼿꼿한 대쪽 같은 성미

고즈넉한 숲에서는 새소리가
얼음장 풀린 골물처럼 청량하고
새들은 갈맷빛 창공을 오르내리며
나래를 펼치네
새소리에 나뭇잎이 장단 맞추네.

산촌 풍경

꽃 피는 시절이 있었네

그 세월을 붙잡고 그려 보네
그 세월이 영원한 줄만 알았는데
그 세월도 바람 따라 가고 없네

소쩍다 소쩍다 울면 풍년이고
부엉새가 양식 없어 어쩔꼬 울면
흉년이 온다고 하던
새소리 물소리 가득한 산촌

일순간의 충동이 숨을 멎게 하듯
방천(防川) 버들강아지는 움을 트고
잔설 듬성듬성한 구미산 기슭에는
산노루 발길만이 무성하네.

사랑과 우정

새들이 자유로이 하늘을 날듯
꽃들이 아무 데서나 피듯
만상(萬象) 중 어느 하나와
만남이 있다면 가야 할 길

청아한 하늘빛에 매료되었네
반짝이는 별
유유히 떠다니는 구름

희생 없는 사랑
희생 없는 우정은
참된 사랑도
참된 우정도 될 수 없네

황금은 뜨거운 불에 제련(製鍊)되고
우정은 역경 속에서 시험되네

사랑은 주는 것이라면
그 빈자리는 행복으로 채워지네.

마른 잎

새벽을 깨우는
새소리가 귀를 간질인다
커가는 빈자리에
마음이 문을 닫는다

바람 한 점 없이 잔잔한 해무
모든 걸 감싸는 바다는
끝없이 열려 있으나
시작은 어디인가
바다를 바라보며 공(空)을 그린다

마음속 주인이 없다면
빈껍데기일 뿐
침묵은 무관심이 아닌
채워지지 않은 영혼의 갈등

만 가지 분심(忿心)*을 불러오지만
따사로운 햇살 아래 밟히는
마른 잎이 정겹다.

* 분심(忿心): 벌컥 성을 낸 마음. 분한 마음.

흘러간 세월

서산마루에 걸린 애처로운 하현달
그리움으로 다가오네

세월이 약이라고
세월이 흐르면 과거는 잊혀지고
상처도 아문다지만
그렇지 않네

지나간 서러움과 눈물
지금도 앓고 있는 마음
그 모습 비춰 주는 거울도
눈물을 흘리는가.

지름길

잡목이 울창한 고요한 숲
계곡에 운무가 내려앉네
생명의 기백이 넘치는 물소리에
산새 소리도 힘을 보태네
산은 생명을 주고
묵묵히 지혜도 가르쳐 주네

서산에 기우는 해
노을빛이 빛나는 장광(長廣)은
아름다움의 극치여라

자연은 나더러 웃으며 살라기에
꽃과 나무 새소리에 취해
핏빛으로 편지를 띄우네.

타다 남은 가슴에

달빛은 푸르게 만물을 비추는데
우주를 향해 터지는 울음소리
사춘기 소녀 잠을 뒤척인다

뒤란 소곤소곤 발자국 소리에
봄바람이 꼬리를 쳐대며
타다 남은 가슴에 불을 지핀다

한세월 긴 여정이어라
경계에 서서 서로의 영역을
질서 없이 넘나드는 기쁨과 슬픔

달빛이 키운 그림자
아침에 활짝 핀 나팔꽃 같다.

등산길

누구의 발자취인가
심심산천 벗이 되어
오색 숲속 넘나드네

석간수가 졸졸 흐르고
산새들 노랫소리 맑고 고운데
산들바람은 심산(心酸)*을 싣고 가네

불 붙은 골골마다
산너울이 넘실거리는데
첩첩산중 등산길에 심신을 키우네

천풍이 노닐던 잎새마다
낙엽 지는 풍광이 쓸쓸하네

인생도 가진 것 몽땅 두고
속절없이 떠나겠네.

* 심산(心酸): 마음이 몹시 고통스러움.

참송

세상사 잊은 듯한
능(陵)의 표정처럼
무아경(無我境)에 빠지네

송림 사이로 이어지는 오솔길
쭉쭉 뻗은 참송 그림자
얼차려 부동자세 의장대 사열인가
궁궐을 지키는 호위병처럼
당당한 기세가 천하를 호령하네

낮 하늘 떠받친 청송의 자태
참으로 우람하고 청청하네

사방은 고요한데
솔바람 소리가 귀를 적시네
어디서 야호 소리 되돌아가고
산골에 구름이 피어나네

시련과 행복을 안고 온 질곡의 늪에서
달팽이 봇짐 지고 부채춤 추며 가네.

연꽃

흙탕물에서 자라도
혼탁함에 물들지 않고 순결을 지킨
당신인가요

심혼(心魂)이 띄워 낸 순백
귀의(歸依)*하는 영혼인가요

심청이가 인당수에서
환생할 때 동반한 꽃이 바로
당신인가요

이슬 머금고
불심(佛心)을 전해 주는 새벽에
살포시 눈을 뜨네요

연등 밝히는 자태가
신비로운 기운을 부화하네요.

* 귀의(歸依): 돌아가 의지함. 자기를 무지한 지경에서 종교적 절대자에게 순종하고 믿고 받드는 일.

달맞이꽃

달맞이꽃 뿌리는 월견초
인후염과 신열(身熱)에 좋다고 하는데
열매는 월견자라 하여
고지혈증, 당뇨 등의 치료와
먹고 바르는 약으로 사용한다

낮에는 피지 않고 밤에만 피어
기다림이라는 꽃말이 어울리는데
달이 뜰 무렵 피었다가
달 떠난 아침에 지니
달맞이꽃이라 부르는가

뭐가 그리 부끄러워
어두운 밤에만 선보이는
신비스러운 꽃인가.

사계절

봄에는 연둣빛 새순을 틔우고
여름에는 푸른 숲을 이룬다
가을에는 오색 단풍으로 장식하다가
어느새 눈 덮인 겨울 산

솔숲에서 흰 꽃을 피우고
가지마다 새들이 수다를 떤다

다람쥐가 도토리 알밤을 비축하고
작은 눈망울 여유롭게 유희한다

자연은 사랑을 주면 줄수록
더 많은 혜택을 얻을 수 있으니
역경이 괴롭힌다 해도
희망을 안고 살아가자

희미한 가로등 불빛 아래
그리움이 홀로 앉아 우는데
울고 웃던 미운 정 고운 정이
밤하늘 별이 되어 하나둘 반짝인다.

제비꽃

산새 지저귀는 숲속
그 시절 그리워

멀리서 날아든 참새 한 쌍이
감나무 위에서 지저귀네

재채기와 사랑은 감출 수 없다던가
앵두꽃이 심사를 위로하네

눈길 닿으면 얼굴 붉히는 사람
소리 없이 왔다가 소리 없이 떠나는가

길섶 보랏빛 제비꽃도
동풍에 몸을 떨며 슬피 우는 것 같네.

6

미워하기보다

인생길

즐거움과 행복은 잠깐 머물고
질곡의 시련은 거칠고 깁니다

한 송이 목련꽃을 피우기 위해
한 겨울 견뎌낸 숱한 시련
꽃과 잎을 틔울 대장정입니다

시련 없이 맺는 열매 어디 있나요
고난 없는 영광은 어디에도 없습니다
눈물 없는 행복도 그냥 오지 않습니다

칠월칠석 견우성과 직녀성의 재회도
갈등과 애증이 피운 선물인가요

은하수가 기립박수하는
환희의 잔칫날도
다시 만남을 위한 여정
이별의 아픔도
만남의 시작을 의미합니다.

나그넷길

지구의 자전
해돋이와 해넘이로
낮과 밤이 태어나고 사라진다

사계절의 변화도 순환한다
지구와 달에 따라
썰물과 밀물도 계속된다
우주의 질서 속에
생명은 오묘하고도 경이롭다

인생은 해넘이처럼 떠나고
해돋이처럼 새 생명이 태어난다
태어날 잎과 열매 새 생명을 위해
모든 걸 내주고 팔 벌린다

서럽고 아리던 마음이 치유된 듯
해넘이는 또 다른 내일을 준비한다
나는 누구이며 무엇을 얻으려는지
해 돋고 해 지듯 그렇게 세월이 간다.

행복의 기준

인생은 다시 살 수도 없고
다시 태어날 수도 없습니다

포기는 좌절과 탄식의 늪
꿈은 썩고 절망만 싹틉니다

그래서 또 그래서
살아온 인생을 반추하고
보람된 인생을 살아가야 합니다

오늘이 어제보다 낫고
내일이 오늘보다 나을 것이라 믿고
시련도 아픔도 몸부림친 인내입니다

인생을 살면서 죽는 순간까지
순간마다 자신의 일을 선택합니다
행복이란 행복을 느끼는 마음속에서
커지고 튼튼해진다고 합니다

꿈이 있는 사람은
늙지 않는다고 합니다
행복과 불행은 소유인 것 같지만
기술과 지혜의 문제랍니다.

애정의 조건

사랑은 주는 것
사랑은 헌신
사랑은 공유
사랑은 이타적

그러나 가장 많은 것은
주는 것이라는 꾸밈

사랑과 이별은 동전의 양면

설레는 감정으로 같이 성장하고
아픔을 토닥이며 안아 주는 것

그 사람 아니면 안 될 것 같은 믿음
이별은 그 모든 것을 부정하는
마음의 움직임이 만드는 것

거부할 수 없는 것
고통스러운 것

아름다움도 슬픈 것을 위한 것
사랑의 시약(試藥)*이 필요하다.

* 시약(試藥): 무료로 약을 지어 줌. 또는 그 약.

부초 같은

부초 같은 인생살이
슬기롭게 넘기면 웃음꽃 피고
되돌아볼 줄 모르고
화내면 화로서 되돌아온다

부정도 하고 긍정도 하고
감정을 조절하며 살아야 한다
화복도 밖에 있는 것이 아니라
나 하기 나름에 달려 있다

꽃이 피면 곧 지고
사람은 태어나면 결국 죽네
꽃은 피어 향기를 주며
아름다움을 과시하다 말없이 사라진다
사람은 태어나서
희로애락을 느끼면서 살다가 떠나간다

생명이 있는 것들은 반드시 떠난다는
이 허무한 법칙을 피할 수 없다

미인보다 몸 좋음이 좋고

몸 좋음이 마음 좋음만 못하다.

태어나고 자라고

나무는 오래 살수록 기품이 있고
사람은 나이 들수록
풍상(風霜)에 씻기어 추해진다

한 조각 구름이 일어나는 것을
삶이라 했고
한 조각 뜬구름이 사라지는 것을
죽음이라 했다

씨앗에서 자라난 꽃은
씨앗으로 돌아가고
대지를 적시는 비는
냇물이 되어 바다로 갔다가
구름이 되어 하늘로 돌아간다

큰 나무는 처음부터 큰 나무가 아니고
긴 세월 거쳐 큰 나무가 된다
그러나 일정한 세월이 지나면
묘목 이전의 씨앗으로 돌아간다

돌아간다고 없어지는 게 아니네
동물은 생사를 반복하지만
나무나 풀은 나고 자라기를 반복하며
그 자리를 지킨다.

미워하기보다

흘러가는 세월 무슨 수로 막는가
작물이 농사꾼의 발소리를 듣고 자라듯
무심히 흐르는 시간 속에 인생도 농익네
지금 가는 길이 올바른 길인지
심각하게 되돌아보지 않을 수 없네

누구를 미워한다면
그것은 나를 미워하는 것
누군가에게 미움과 질투를 느낀다면
그것은 내 욕구를 탐구할 수 있는
기회로 삼아야 하네

숨을 쉬는 우주 만물이 다르지만
둘이 아니고 하나임을 알면
그 연결고리 함부로 할 수 없네

지금 누군가의 도움과 희생으로
여기 와 있다고 생각하네
서로 미워하기보다 감사할 일이네.

메밀꽃

꽃말이 연인이라고 했던가

낮에는 쪽빛 하늘을 머리에 이고
밤이면 가슴에 달빛을 안고
하얀 미소로 유혹한다

자청비*는 하늘로 올라가
옥황상제에게서 받은 오곡 중
하나가 부족하여 메밀을 받고
땅으로 내려와 농사를 보살피는
미와 농경의 신이 되었다

메밀은 무더운 시기에
거친 땅에 뿌려도
생명력이 강해 잘 자라고
짧은 기간에 열매를 맺는다.

* 자청비: 제주도 세경놀이(전승되는 무당 굿놀이)에서 농사를 관장하는 여신.

마애불의 미소

가야산 자락에도 봄이 찾아와
노란 복수초가 길손을 맞네

고풍저수지 둑에 오르니
잔잔한 풍경은 한 폭의 수채화

천진궁* 단군 영정은
통일신라시대 때 솔거가
단군의 현몽을 받아 그렸다는데

수정봉 자락 비탈진 산에는
서산 마애삼존불상이
몇 천 년 아침 햇살을 머금고
백제의 미소로 맞이하네

암벽에 소생한 부처의 웃음이
상서로운 햇살 아래 드러나네
중생을 어여삐 보듬어 주는
그 잔잔한 미소에

속세의 고통과 아픔을 내려놓네.

* 천진궁: 경남 밀양시 내일동 40번지에 있다. 1665년(현종 6년)에 부사 홍성귀(洪聖龜)가 창건한 요선관(邀仙館) 건물에 뿌리를 두고 있다. 요선관의 운명은 1894년(고종 31년) 동학혁명 때 바뀐다. 영남루가 일본 헌병대에 강제로 점령되고, 이곳은 백성을 고문하는 옥사로 사용되기도 했다. 매년 음력 3월 15일에는 어천대제(御天大祭), 음력 10월 3일에는 개천대제(開天大祭)로 제향을 올린다. 1974년 경남 지방유형문화재 제117호로 등록되었다.

기적이라니

파란만장이 걸어온 길인가

우공이산(愚公移山)*의 주인공처럼
수많은 불면과 인고의 세월

그 시절로 되돌아갈 기회가
한 번이라도 주어진다면
하고 싶은 것 다 하며
절대 포기하지 않았겠지

대자연의 질서 앞에
그 용기 어디 가고
기적만을 기대했던가.

* 우공이산(愚公移山): 오랜 시간이 걸리더라도 꾸준히 노력한다면 결국 뜻을 이룰 수 있음.

꽃과 잎

숲에서 산새들이 노닥거린다
오솔길 걸어 가풀막* 오르니
번다한 번뇌 털어버리라는 듯
일방무애*로 보이는 정경들

잎은 꽃을 그리다 가고
꽃은 또 잎을 그리워하는가

그리움과 기다림으로
꽃이 피어나듯이
다시 새로운 잎을 피우리라.

* 가풀막: 가팔막지다.

* 일방무애(一方無碍): 어느 일방의 가치만을 고수하는 사고방식이나 태도.

고독한 시간

처음에는 쓰지만

익숙해지면 향기롭고
여운이 오래 가는
고독의 한가운데로

깊은 평화와 기쁨이 오네

에스프레소와 같은
고독으로 가는 길에는

좀처럼 시간이 흐르지 않네.

다다익선

과일도 익어야 제맛이 나듯
오래 사귄 친구가 좋다면
자존심과 우월감은 필요없다

둘은 많고 셋은 넘치고
하나면 족하다지만
진실한 친구는 많을수록 좋다.

무영탑

아사달이 조각한 석불
못 알아볼 영지석불좌상*
마모가 심한 것도 있지만
미완성의 불상이라는 설(設)도 있소

김대성은
뛰어난 석공으로 알려진
백제의 후손 아사달이라 불렀소

아사달이 석가탑에 혼신을 기울일 때
그리움을 달래던 아사녀는
기다리다 못해 불국사로 찾아왔소

그러나 탑을 완성되기 전까지는
여자를 들일 수 없다는 금기 때문에
불국사 문 앞을 서성거리며
먼 발치에서 아사달을 보고 싶어했소

스님이 꾀를 내어 말했소

지성으로 빈다면 탑 공사가 끝나는 대로
탑의 그림자와 아사달도
영지못*에 비칠 것이라 하였소

그러나 무심한 수면에는
탑의 그림자와 아사달의 모습이
떠오를 줄 몰랐소

상심한 아사녀는
아사달의 이름을 부르며
못에 몸을 던지고 말았소

탑을 완성한 아사달은
아사녀 이야기를 듣고 못으로 갔으나
볼 수가 없었소

아사달은 아사녀를 그리워하며
못 주변을 방황하는데
아사녀의 모습이 홀연히

앞산 바윗돌에 겹쳐지는 게
인자한 부처님 모습이 되기도 하였소

아사달은 그 바위에
아사녀의 모습을 새기기 시작했소

후대 사람들은
이 못을 영지라 부르고
끝내 그림자를 비추지 않은
석가탑을 무영탑이라 하였소.

* 영지석불좌상: 경상북도 유형문화재 제204호. 아사달이 아사녀의 모습을 생각하며 조각했다는 전설이 있다. 마모가 심하다.

* 영지못: 경북 경주시 외동읍 영지리에 있다. 아사달과 아사녀의 슬픈 전설을 안은 곳이다. 석가탑의 그림자를 볼 수는 없으나, 동쪽으로 토함산 불국사 앞 주차장이 멀리서 보인다. 전설이긴 해도 터무니없지는 않다는 생각이 든다. 현재는 저수지가 되어 강태공들의 낚시터로 인기가 높다.

| 해설 |

존재와 융합하는 '그리움'의 해법

| 작품해설 |

존재와 융합하는 '그리움'의 해법

김송배
(시인·한국현대시론연구회 회장)

1. 삶의 유한성과 생명 예찬

현대시의 발상이나 상황 전개는 시인의 독자적인 체험의 산물(産物)이라고 할 수 있다. 그것은 한 시인이 살아온 생애에서 희노애락(喜怒哀樂)의 다양한 체험들이 내면에서 곰삭아서 이제사 자신만의 진실을 토로할 수 있기 때문이다. 우리들은 누구에게나 주어진 운명의 좁은 길을 헤쳐나온 인생의 굴곡이 있다. 그 중에서도 불망의 인생으로 남아있는 경험들은 기억하게 되고 그것이 시인의 진실로 승화할 때 한 편의 작품으로 형상화하는 것이다.

이러한 체험의 원류는 대체로 시간과 공간 개념에서 발생하는 삶의 한 줄기 근원으로써 우리 인간들이 살아가는 단면들이 적나라하게 내포되어 있어서 어느 시대에 어떤 생활 근거지에서 무슨 일이 발생 ―혹은 생멸(生滅)의 존재 의식 같은― 했느냐 하는 생존의 기록일 것이다.

일찍이 하이덱거의 실존철학에서는 존재는 근원적인 시간에서

나왔다고 말했다. 이 근원적인 시간이란 것은 과거와 현재 그리고 미래를 연결하는 연속적인 것이 아니라, 현재 속에 과거와 미래가 함께 들어있는 전체적인 상황을 말하는데 이것을 그는 시간성이라고 말했다.

여기 김영일 시인이 상재하는 시집 『미워하기보다』는 이와 같은 존재에서 추출한 체험이 존재의식과 동화하거나 투영하면서 삶의 문제를 통한 현실적인 가치를 탐색하려는 그의 시적 경향을 이해하게 된다. 그는 이러한 삶의 유한성에 깊이 천착하면서 그 시간성에서 탐지한 체험들을 차원 높게 형상화함으로써 그의 시학을 다시 정립시키고 있다.

김영일 시인은 지금까지 일곱 권의 시집을 통해서 그가 구현하려는 시적 진실을 심도 있게 현현한 중견 시인으로서 그의 철학이나 인생관이 상당한 경지에 도달하고 있음을 이해하게 되는데 특히 시집 『무얼하고 계시나』에서도 필자는 이미 '우리들이 현재를 살아가면서 가장 고뇌하는 인생(혹은 생명)에 관한 시적 화두가 그의 정서에 큰 축을 형성하고 있어서 우리 현대시가 바로 자신을 인식하고 성찰하면서 상상력을 확충하는 다양한 시법(詩法)을 이해할 수 있었'다는 결론을 적시하여 공감을 피력한 바가 있다.

이 시집에서는 이러한 존재의 문제와 생명성의 융합을 외적인 자연 상황에서 탐색하는 특징을 읽을 수가 있는데 이는 그가 당면하는 삶의 근원이 바로 자연사물과의 그 중심에서 투영된 이미지가 시적 상황이나 주제로 연결되는 시법을 현현하고 있어서 우리들의 공감 영역을 확대시키고 있는 것이다.

물 흐르는 소리는 흥겨운 춤입니다
물이 없으면 생명도 없습니다
만물의 근원이라는 물은
자연 속 모든 생명을 이어 줍니다

그러나 시냇가 푸른 이파리가
지난해의 것이 아니듯
흘러가는 시냇물 또한
어제의 물이 아닙니다

나무도 그렇고 냇물도 그렇듯
어제의 사람 가고 없어도
새로운 사람은 태어나 이어집니다

삶이 영원하지 않고 유한하기에
오늘은 더욱 소중하고 거룩합니다.

—「물소리」 전문

우선 이 '물소리'에서 들려주는 청각적인 감정은 외적 사물에서 취택하는 이미지가 바로 그가 열망하는 '생명'과 '삶'의 현실성이 그의 심저(心底)에서 분출하는 시적 진실을 이해할 수 있는데 그는 '물'과 '생명'의 상관성에서 '만물의 근원이라는 물'이라는 평범한 진리를 설정하고 '흘러가는 시냇물'과 '어제의 물'이 서로 대칭을 이루면서 시간성을 시적인 발상으로 도입하고 있다.

또한 그는 '어제의 사람'이 떠나고 '새로운 사람'이 탄생하는 만고의 진리를 그의 생명에 대입함으로써 결론적으로 '삶이 영원하지 않고 유한하'다는 그의 진정한 삶과 생명의 의미를 적시하고 있는 것이다.

그는 '물=생명'이라는 보편적인 원리보다는 '물소리'라는 어떤 탄생의 이미지와 흘러간다는 시간의 이미지를 복합적으로 융합시킴으로써 유한한 삶(생명)의 진실을 투영해서 시적인 구성의 묘미를 접근하게 하고 있다.

> 잡목이 울창한 고요한 숲
> 계곡에 운무가 내려앉네
> 생명의 기백이 넘치는 물소리에
> 산새 소리도 힘을 보태네
> 산은 생명을 주고
> 묵묵히 지혜도 가르쳐 주네
>
> —「지름길」 중에서

그렇다. 김영일 시인은 여기에서도 '숲', '계곡', '산새 소리', '물소리' 등 '산'에서 '생명'에 대한 환희를 만끽하고 있다. 이 산에서 터득하는 '지혜'가 바로 그가 탐구하려는 존재의 한 단편을 발흥(發興)시키고 있는 시법이다.

그는 이 밖에도 '바람소리도 낙엽 구르는 소리도/ 징징거리는 넋두리도 아닌/ 생명을 잉태하려 울부짖는 소리(「백목련」 중에서)'라거나 '새 생명 피운 잎 언저리에/ 싱그럽게 자라난 풋과일/ 오가는 눈빛에 정이 익네(「고행길」 중에서)' 그리고 '생명이 있는 것들은 반드시 떠난다는/ 이 허무한 법칙을 피할 수 없다(「부초 같은」 중에서)'는 어조는 결국 '소멸은 사라지는 것이 아니라/ 우주의 순환을 위한 순응(「귀뚜라미」 중에서)'이라는 대진리를 감응(感應)하게 된다.

2. 떠난 '님'과 '메아리쳐 오는 회한'

김영일 시인의 시적 레퍼토리는 대체로 존재문제에서 파생하는 삶의 지엽인 내면적인 요소로 축약(縮約)되는 한 경향을 이해할 수 있는데 그것은 회한(悔恨)의 '그리움'이라고 할 수 있다.

이 그리움의 이미지는 그가 지금까지 출간한 시집 상당수에서 탐색되고 있는데 이는 그가 간직한 심성(心性)의 저변(底邊)에는 잊을 수 없는 대상이 상존하고 있음을 유추할 수 있다.

그것이 누구인지를 소상하게 적시하지는 않았지만 작중 상황이나 화자 또는 그 어조가 '님'이거나 '당신' 그리고 '떠난 사람' 등으로 그의 뇌리에 잠재되어 있어서 그가 분사(噴射)하고자 하는 진실은 바로 그 대상에서 통감(痛感)하려는 심저를 이해하게 된다.

새가 되어 날아갑니다
어디론가 끝없이
가물가물 노을 너머로

달 밝은 산자락
졸졸거리는 냇가에 앉아

그날의 기억을 띄워 보냅니다

님은 떠나고
냇물은 혼자서 흘러갑니다

메아리쳐 오는 회한에
가슴을 쓸어안습니다.

—「그리움」 전문

김영일 시인의 '그날의 기억'에는 이미 떠나버린 '님'에 대해서 '메아리쳐 오는 회한'으로 '가슴을 쓸어안'는 '그리움'이 형상화하고 있다. 대체로 보편적인 시법에서 자주 회자(膾炙)되는 바와 같이 작품 제재(題材)가 관념일 경우에는 내용이 바로 사물언어로 구성하여 전개하는 특성을 잘 살려내고 있음을 알 수 있다.

그에게서는 지난 번 발간된 시집에서도 '심리적 저변에는 그리움이라는 정한(情恨)이 각인(刻印)되어 있다. 대체로 이 그리움의 정체는 사랑과 연결되는데 그 사랑 자체가 현실적으로 해지(解止)되었거나 성취할 수 없는 비련(悲戀)의 현상으로 작용하는 경우'라는 필자의 견해를 피력한 바가 있다.

당신은 떠나갔습니다
강물 지키는 나룻배 타고
그렇게 떠나갔습니다

해 저문 나루터에 앉아
하늘을 바라봅니다

임자 잃은 나룻배도 강물처럼
소리내어 울고 있습니다
강물도 서러워 여울에 기댑니다

나룻배 타고 떠나간 당신이
마냥 그립습니다.

—「그리움은 먼 곳에」 전문

그렇다. 여기에서도 '당신은 떠나갔'다는 시적 상황에서 감득(感得)할 수 있듯이 아직도 그의 심중에서 서성이는 '그리움'은 '나룻배 타고 떠나간 당신이/ 마냥 그립습니다.' 라는 어조로 결론의 메시지를 전해주고 있는 것이다.

이러한 '그리움'의 승화는 상당 부분의 작품에서 현현되고 있는데 '기억 속 청야(聽野)의 목소리/ 들리지 않습니다(「그 목소리」 중에서)', '별빛을 보며 그 모습 그려봅니다(「그 모습 그려봅니다」 중에서)', '허공에 흩어진 그리움이/ 창문에 방울방울 맺힙니다(「이슬꽃」 중에서)', '심상(心想)에 깊은 시름하니/ 베갯가 그리움이 치근거리네(「고백」 중에서)', '끝없이 메아리치는 그리움에/ 다시는 돌아올 수 없는/ 그 시절 그때로 돌아가고 싶어라.(「돌아가고 싶어라」 중에서)', '정처 없이 지나간 수많은 시간/ 그리움이 머릿속에 아른아른(「천성산」 중에서)', 그리고 '서산마루에 걸린 애처로운 하현달/ 그리움으로 다가오네(「흘러간 세월」 중에서)' 등으로 애잔한 심정을 토로하고 있다.

슬픔은 언제나 산사람의 몫입니다
떠나간 사람을 생각하며
슬픔을 눌러야 합니다

안으로 다지고 다진 슬픔은
어떤 것으로도 풀 수 없는
그리움만 자라게 합니다.

—「머플러」 중에서

그에게서 회한과 그리움의 메시지는 위와 같은 어조로 대미(大尾)를 전해주고 있어서 우리들의 시 읽기는 더욱 공감을 확대하고 있는 것이다.

3. '행복'과 '영혼의 갈등' 그리고 성찰

김영일 시인은 다시 삶에서 탐구하는 인생론이 우선 '행복'에 그 초점을 겨냥하지만 현실적인 그 과정이나 영위에는 많은 갈등이 동반하게 된다. 그는 다음과 같이 '인생을 반추하고' 있다.

인생은 다시 살 수도 없고
다시 태어날 수도 없습니다

포기는 좌절과 탄식의 늪

꿈은 썩고 절망만 싹틉니다
…… 중략 ……

인생을 살면서 죽는 순간까지
순간마다 자신의 일을 선택합니다
행복이란 행복을 느끼는 마음속에서
커지고 튼튼해진다고 합니다

꿈이 있는 사람은
늙지 않는다고 합니다
행복과 불행은 소유인 것 같지만
기술과 지혜의 문제랍니다.

—「행복의 기준」 전문

어찌보면 아주 평범한 언술로 보이지만 그가 설정한 인생의 가치와 목적은 '행복'을 기준으로 하고 있다. 그는 어조에서 '포기', '좌절', '탄식', '절망', '시련' 등의 인생의 고행(苦行)이 적시되고 있으나 이의 극복을 위해서 '인내'와 '선택'과 '꿈'으로 '행복'을 추구하는 '기술과 지혜'를 인생의 중심축으로 정립하고 있는 것이다.

이러한 현실적인 인생관이나 가치관의 올바른 정행(正行)에는 다변적인 사유의 갈등도 동반하게 되는데 이것이 그의 내적인 진실이 상호 융합을 위한 과정이며 존재의 지표를 구현하는 일일 것이다.

숨 고를 수 없을 만큼
가슴 두근거리게 하는 눈빛

어제 떠난 사람
헛되이 보내는 오늘
갈망하는 내일

영원한 환상 묻고
추억으로 펼칠까

구름 밀치고 얼굴 붉힌 상현달
그 가슴에 고백할까

침묵은 무관심이 아니라
말보다 강한 것은 내면으로 쌓이는
속 깊은 심사(心事)여라.

―「영혼의 갈등」 전문

그는 '영원한 환상 묻고/ 추억으로 펼칠까' 라는 의문형 어조로 지금까지의 삶과 삶에서 추구해온 행복의 실행들('헛되이 보내는 오늘/ 갈망하는 내일')을 단순한 '추억'으로만 치부하고 말 것인지 아니면 '침묵'으로 일관할 것인지의 중대한 문제가 그의 갈등으로 남아있다.

이러한 그의 사유(思惟)의 결단이 바로 그가 궁극적으로 정립해야 할 인생론이며 가치관의 창출이라고 생각된다. 이를 위해서는 작품 「무아경」 중에서는 '타오르는 울화를 삭히려고/ 무아경(無我境)에 노니는 구름/ 환상의 꿈을 꾸며 마음을 비운다.' 는 그의 내면의 의식을 이해하게 된다. 이 '무아경(無我境)'은 '마음이 한곳으로 쏠려 자신의 존재를 잊는 경지' 라는 그가 붙인 주(註)와 같이 존재를 잠시 망각하는 참선의 경지에서 성찰하거나 존재 이유를 새롭게 탐색하는 시법으로 발현되고 있다.

그는 다시 작품 「참송」 중에서도 '세상사 잊은 듯한/ 능(陵)의 표정처럼/ 무아경(無我境)에 빠지네' 라거나 '시련과 행복을 안고 온 질곡의 늪에서/ 달팽이 봇짐 지고 부채춤 추며 가네.' 라는 확고한 인생론이 '참송'이라는 사물에서 감득하는 '무아경'을 엿보게 하고 있다.

이러한 김영일 시인이 교감하고 동화하려는 어조는 영혼의 진상은 '심혼(心魂)이 띄워 낸 순백/ 귀의(歸依)하는 영혼인가요(「연꽃」 중에서)', '오랜 세월 그윽한 영혼의 소리를/ 잔잔한 나목 밭에 앉히면/ 약동하는 심장 소리가/ 새싹을 틔웁니다(「그 모습 그려 봅니다」 중에서)', '마음속 주인이 없다면/ 빈껍데기일 뿐/ 침묵은 무관심이 아닌/ 채워지지 않은 영혼의 갈등(「마른 잎」 중에서)' 등의 어조가 더욱 그가 갈구하는 삶의 목적에 대한 최대치의 해법을 강구하고 있는 것이다.

누구를 미워한다면
그것은 나를 미워하는 것
누군가에게 미움과 질투를 느낀다면

그것은 내 욕구를 탐구할 수 있는
기회로 삼아야 하네
…… 중략 ……

지금 누군가의 도움과 희생으로
여기 와 있다고 생각하네
서로 미워하기보다 감사할 일이네.

—「미워하기보다」 중에서

김영일 시인은 이 시집의 표제시가 되는 이 작품에서 그가 명징(明澄)하게 표출하는 그의 순정적인 주제가 적나라하게 나타나고 있다. 이것이 그가 지향하는 현실적 갈등을 해소('서로 미워하기보다 감사할 일이네.')하고 영혼과의 소통을 위한 성찰로 부상(浮上)되고 있는 것이다.

그는 앞에서 인생의 기준('행복의 기준')에서 적시한 모든 시련이나 고행들을 무조건 미워하거나 배척하는 것을 지양하고 그의 지적인 혜안으로 응시하면서 이를 포용하고 수금하면서 용서하고 화해하는 통섭의 진정한 진실을 탐색하는 시법을 우리는 이해할 수 있을 것이다.

4. 자연 감응과 서정시의 시법

김영일 시인은 자연과 교통하면서 자신의 심리적인 평정을 구사하고 있다. 이는 자연 섭리의 순응에서부터 자연이 우리 인간들에게 제공하는 다양한 혜택에 대한 경건한 경의를 시적으로 그 환

경이나 구도를 설정함으로써 서정시의 시법을 확고하게 정리하는 특성을 엿보게 한다.

우리 문학 특히 시에 있어서 자연에 대한 문제는 결코 새롭다고 할 수는 없다. 자연은 철학에서 말하는 것과 같이 초자연적 존재와 그 관계 속에서 문학의 중요한 제재가 되었기 때문이다. 시는 자연의 모방이며 자연의 현상이라는 정의처럼 자연은 문학의 진실성을 기준으로 하는 시학의 개념이기도 하다.

꽃 피는 시절이 있었네

그 세월을 붙잡고 그려 보네
그 세월이 영원한 줄만 알았는데
그 세월도 바람 따라 가고 없네

소쩍다 소쩍다 울면 풍년이고
부엉새가 양식 없어 어쩔꼬 울면
흉년이 온다고 하던
새소리 물소리 가득한 산촌

일순간의 충동이 숨을 멎게 하듯
방천(防川) 버들강아지는 움을 트고
잔설 듬성듬성한 구미산 기슭에는
산노루 발길만이 무성하네.

—「산촌 풍경」 전문

보라. 김영일 시인은 우선 '산촌'이라는 자연에서 감응하는 정서의 순정성을 읽게 되는데 이는 그가 항상 대하면서 교감하는 자연에서 당연히 이미지나 소재 그리고 테마까지도 취택하는 필연이 상존하고 있다.

그는 언제나 안온한 자연의 품속을 그리워하고 그 품속을 노래한다. 여기에서는 이러한 품속이 어느덧 '세월'이라는 무형의 시간성에서 갈등하게 된다. 이러한 서정적 원류에서 자아를 동화하거나 투사하는 시법으로 자연을 순응('새소리 물소리 가득한 산촌')하고 있어서 그의 심중(心中)에는 지금까지도 고향을 포함한 그 '산촌'을 잊지 못하는 정경(情景)에 우리들의 시선이 집중되고 있다.

그는 다시 이러한 고즈넉한 풍경에서도 '그 세월을 붙잡고 그려 보네/ 그 세월이 영원한 줄만 알았는데/ 그 세월도 바람 따라 가고 없네' 라는 허무의 일단을 적시하면서 무한의 시간성과 결부하여 인생의 소회(素懷)를 담담하게 그리고 서정적으로 현현하고 있다.

산새 지저귀는 숲속
그 시절 그리워

멀리서 날아든 참새 한 쌍이
감나무 위에서 지저귀네

재채기와 사랑은 감출 수 없다던가

앵두꽃이 심사를 위로하네

눈길 닿으면 얼굴 붉히는 사람
소리 없이 왔다가 소리 없이 떠나는가

길섶 보랏빛 제비꽃도
동풍에 몸을 떨며 슬피 우는 것 같네.

—「제비꽃」 전문

역시 자연과의 정적인 감응이다. '제비꽃'이라는 사물에서 애련(哀戀)의 이미지를 추출하고 있다. 이것이 김영일 서정시학의 정점이다. 이는 동화(assimilation—모든 자연을 자신 속으로 끌어와서 내적으로 인격화하는 원리)의 시법이다. 그는 '제비꽃'을 직접 보거나 상상력을 재생하면서 '산새 지저귀는 숲속/ 그 시절 그리워'라는 자신에게 내재된 심원(心願)의 일단을 발현하고 있다.

김영일 시인이 이러하듯이 자연서정과 동화는 '달맞이꽃', '복사꽃', '진달래꽃', '다래꽃' 등 지천으로 널려서 피는 꽃들에서 흡인하는 이미지들이 그의 서경적 감성을 자극하고 있다. 이러한 자연의 인간화는 시학에서 감상적 오류라는 말로 우리 시인들이 즐겨 상용(常用)하는 시법이다.

또한 김영일 시인은 작품 「연둣빛」 전문에서 '위대한 소생인가/ 동장군 칼춤도 이겨낸 전사들// 약동하는 신천지에 깃발 꽂고/ 푸른 꿈 펄럭이며/ 나목 가지마다 파란 움 틔우고// 진달래 꽃동산에/ 새들도 깃털 다듬어 재잘재잘/ 뻐꾸기, 소쩍새가 연둣빛을 지저귀고// 분주한 생각이 오가는 설렌 가슴/ 밤잠을 뒤척인다.'는 소박하고 순정적인 그의 내면세계를 엿볼 수 있게 한다.

한편 그는 '봄맞이', '봄의 정기', '봄소식', '봄비', '가을바람', '겨울꽃' 등 계절적인 시간성과 더불어 살아가는 시맥(詩脈)을 확인할 수 있는데 작품 「사계절」 중에서 '봄에는 연둣빛 새순을 틔우고/ 여름에는 푸른 숲을 이룬다/ 가을에는 오색 단풍으로 장식하다가/ 어느새 눈 덮인 겨울 산'이라는 어조에서 시간과 계절의 신비로운 조화를 명징하게 적시하는 시법으로 자연과 시간과의 화해를 통한 서정성을 흡인시키고 있다.

5. 결— '인생길'의 화해

일찍이 비평가 M. 아놀드가 말했듯이 시는 그 본질적인 면에서 인생의 비평이다. 김영일 시집 『미워하기보다』를 일별하면서 이처럼 인생론과 아주 밀착된 그의 진실을 발견하게 되는 것도 앞에서 언급한 바와 같이 그의 소중한 체험들이 상상력으로 재생되면서 우리 인간들의 생명을 형상화하고 있음을 이해하게 된다.

그가 '시인의 말'에서 이미 그의 소회를 밝혔듯이 '즐거움과 괴로움을 함께할 수 있는, 가슴을 울리고 친근감을 줄 수 있는 시를 쓰고 싶었'다는 진솔한 시적 사유의 근간(根幹)을 확인시켜 주고 있다.

그는 대체로 이 시집을 통해서 삶과 생명의 예찬에서 획득하는 가치관의 재확인과 보편적인 삶에서 투영하는 인생 회한의 그리움 그리고 한 생을 영위하면서 감내(堪耐)해야 하는 행복의 열망에서도 긍정하면서 살아가는 와중에는 영혼을 위한 순수 지향점이

갈등으로 변환하는 과정 등이 그의 지적자양을 가미한 하나의 이정표를 설정하고 이제 인생의 결실을 수확하는 고차원의 시법을 이해하게 된다.

즐거움과 행복은 잠깐 머물고
질곡의 시련은 거칠고 깁니다

한 송이 목련꽃을 피우기 위해
한 겨울 견뎌낸 숱한 시련
꽃과 잎을 틔울 대장정입니다

시련 없이 맺는 열매 어디 있나요
고난 없는 영광은 어디에도 없습니다
눈물 없는 행복도 그냥 오지 않습니다

칠월칠석 견우성과 직녀성의 재회도
갈등과 애증이 피운 선물인가요

은하수가 기립박수하는
환희의 잔칫날도
다시 만남을 위한 여정
이별의 아픔도
만남의 시작을 의미합니다.

—「인생길」 전문

김영일 시인은 인생의 대미를 장식하는 여정이 '시련 없이 맺는 열매'와 '고난 없는 영광'과 '눈물 없는 행복'을 자성(自省)하는 형이상적(形而上的)인 인생철학으로 서서히 결승점을 향하고 있어서 동시에 그의 시적 진실도 그의 '인생길'과 동행하고 있는 것이다.

프랑스의 사상가 몽테뉴는 그의 『수상록』에서 '인생의 효용은 그 길이에 있는 것이 아니고 그것을 사용하기에 달려 있다. 짧게 살고도 오래 산 자가 있다.' 그리고 '인생은 본시 선도 악도 아니다. 어떻게 사느냐에 따라 선의 무대가 되기도 하고 악의 무대가 되기도 한다'는 명언과 같이 이 작품 「인생길」에서는 인생의 생명유한(有限)이 영원을 갈구(渴求)하는 최후의 여망으로 생몰(生沒)이라는 인생의 대명제를 시로서 승화하는 지혜가 바로 김영일 시학의 원류가 되고 있다는 점을 간과(看過)할 수 없을 것이다. 시집 발간을 축하한다.

김영일 시집_ 미워하기보다

초판 인쇄 | 2017년 3월 10일
초판 발행 | 2017년 3월 15일

—

지 은 이 | 김영일
발 행 인 | 문효치
편집국장 | 김밝은

—

펴낸곳 | 사단법인 한국문인협회 月刊文學 출판부
주소 | 서울시 양천구 목동서로 225 대한민국예술인센터 1017호
전화 | 02-744-8046~7
팩스 | 02-743-5174
이메일 | klwa95@hanmail.net
등록 | 2011년 3월 11일 제2011-000081호
ISBN 978-89-6138-345-5 03810

—

값 10,000원

—